Carnet d'instits'

Directeur éditorial : Stéphane Chabenat
Éditrice : Pauline Labbé
Conception graphique et mise en pages : Marion Alfano
Conception couverture : MaGwen
Illustrations : Sébastien Hardy

Les Éditions **de l'Opportun**
16 rue Dupetit-Thouars
75003 PARIS
www.editionsopportun.com

Florian Matelot & Julien Strelezki

Carnet d'instits'

Voyage au pays ~~joyeux~~ étrange des enfants ~~heureux~~ terribles

À nos mamans et nos papas
qui nous ont emmenés
pour la première fois à l'école,
et qui continuent à nous suivre
de près ou de loin.

À Louise et Oscar,
que nous emmènerons
à notre tour à l'école.

AVANT-PROPOS

Il y a quelques années maintenant, nous avons tous les deux embrassé une carrière d'instit', de professeur des écoles, d'enseignant, de maître, de fonctionnaire, de gréviste professionnel, de vacancier perpétuel ou tout autre qualificatif associé. Et à vrai dire, nous étions bien loin à l'époque de nous douter dans quel monde nous venions de mettre le pied. Évidemment, nous étions armés de tous nos préjugés et de notre expérience d'élève, mais nous avons rapidement compris que la vérité était ailleurs. Joie, peine, fierté, tristesse, colère, stress, la palette des émotions est chaque année rudement mise à l'épreuve dans ce métier, probablement parce qu'il ne s'agit pas tout à fait d'un métier.

Alors nous pourrions disserter tout au long des pages de ce livre pour vous expliquer ce qu'est vraiment cette profession, ce qu'elle nous apporte chaque jour, les spécificités si particulières de notre matière première, les enfants, le lot de surprises de chaque journée et tout un tas d'autres choses qui font qu'instit' n'est pas qu'un métier ; en essayant de vous tirer une larme ou un soupir condescendant, mais vous finiriez par refermer cet ouvrage en nous regardant, au mieux, d'un drôle d'air et en vous disant qu'il s'agit d'une peuplade vraiment particulière. Et vous n'auriez pas tout à fait tort.

Du coup, nous avons préféré vous ouvrir la porte vers cette destination exotique qu'est l'école et nous nous proposons d'être vos guides au fil de ces pages en commentant avec un ton décalé toutes les situations totalement authentiques que nous vivons au quotidien. Sur votre gauche, des expressions revisitées par nos chères têtes blondes, à votre droite un dictionnaire pour enfin comprendre le charabia des enseignants...

Que vous soyez parents, grands-parents, professeurs, aspirants enseignants, ou simplement curieux de découvrir ce monde si particulier, nous espérons que vous trouverez dans toutes les rubriques de ce livre au moins de quoi vous faire sourire et partager avec nous un quotidien jamais routinier. Ainsi vous aurez peut-être une légère idée de qui sont ces gens si particuliers à qui vous confiez la jeunesse de ce pays.

Bon voyage !

Florian Matelot & Julien Strelezki

Florian
Julien

BRÈVES DE RÉCRÉ

Nous ne vous apprendrons rien ici, mais sachez tout de même que les enfants ont tendance à dire parfois n'importe quoi. C'est classique, mais c'est drôle. Par contre, bon courage pour retrouver un semblant de sérieux dans la classe après ça. Voici donc un petit florilège entendu dans nos classes.

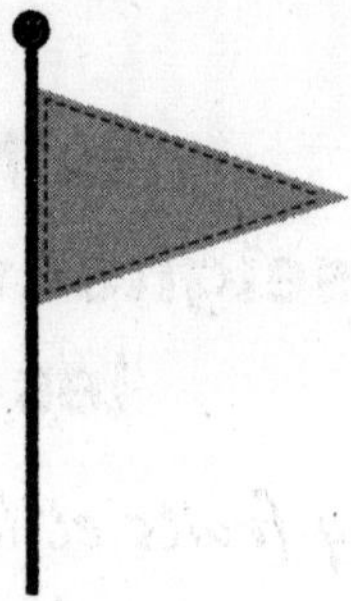

« Comment s'appelle le muscle sous les côtes ?
– Le bidou ! »

Arrêtez de complexer, on vous dit que c'est un muscle !

« Au Moyen Âge, les seigneurs digèrent les paysans. »

Cinq fruits et légumes par jour et un paysan de temps en temps. L'ancien régime alimentaire, c'était quelque chose.

« On m'a tapé dans les parties infimes. »

Jeune homme, ce détail ne nous regarde pas...

« Nomade veut dire qu'un homme est ici et là-bas. »

Et si on allait voir ailleurs s'il y est ?

« Maître, t'as gardé tes anciennes lunettes ?
– Euh oui, pourquoi ?
– Beh, les nouvelles.... elles sont bof. »

Va quand même falloir faire gaffe avec la spontanéité !

Après une matinée à la pêche : « On a pêché un lardon ! »

La pollution des lacs et rivières est dans un état beaucoup plus avancé que ce que l'on croit.

Bon ben finalement
ce sera tartiflette ce soir...

« Faut pas boire la bière,
y a de la colle dedans ! »

Pourquoi s'embêter à pondre des campagnes de prévention, les maternelles le font très bien.

« Maître, ça veut dire quoi dans l'évaluation, un pénis ?
— Pardon ?!?!
— Ah non, un pianiste, désolé ! »

Voilà peut-être pourquoi il ne faut pas jouer du piano debout. En tout cas pas sans sous-vêtement...

« L'Europe connut une longue période de pet et de sérénité : La Renaissance. »

On pouvait flatuler tranquille à l'époque.

« Les didascalies sont écrites en titalique. »

L'écriture est tellement penchée qu'elle coule.

« Ça tombe quel mois cette année le poisson d'avril ? »

Quand on vous dit qu'y a plus d'saison !

« Attention, ici c'est maire, m-a-i-r-e.
Le maire du village.
— Ah, moi je croyais que c'était mère comme ta mère...
Enfin toi t'as pas de mère comme t'es un adulte. »

D'après toi, qui est-ce que j'appelle le soir quand je pleure parce que les enfants de ma classe « ils font rien qu'à m'embêter ? »

« Donnez-moi le nom d'un grand ministre de Louis XIV.

— Jean de La Fontaine. »

À quand la nomination de Guillaume Musso aux Affaires étrangères ?

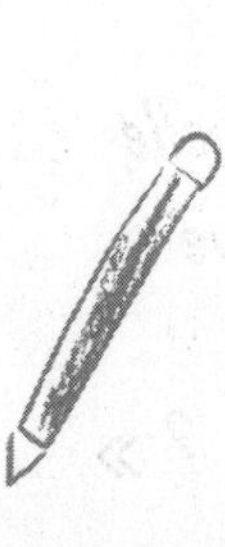

**« Non mais Messi,
il tire du pied gauche,
donc il est nul.
Quand on tire du pied
gauche on tire mal. »**

*Imaginez quand il va falloir
lui expliquer que les filles
aussi jouent au foot et parfois
même du pied gauche...*

Lorsque la consigne du devoir est :
« Rédige un court paragraphe
où tu t'imagines en super-héros.
Pense à décrire tes pouvoirs. » :
« Je lancerai des prouts de feu. »

*Peut-être une future bonne idée
pour le prochain Marvel ?*

« Avant, je me rongeais les oncles. »

Bisous tonton.

« Maître, comment on écrit serfeur ?
– Surfeur ?
– Non, serfeur.
– C'est quoi?
– Beh quelqu'un qui fait du serf ! »

Question bête, réponse bête, c'est notre faute...

« Vous vous souvenez
de l'expression qui signifie
qu'il est inutile de faire
quelque chose parce que
ça ne marchera pas ?
– Oui, c'est pain perdu ! »

Ça nous apprendra à poser des questions à dix minutes de l'heure de la cantine.

« Une jupe c'est comme une robe mais plus large. Et quand on tourne, ça vole. »

Quand les concepts vestimentaires dépassent un peu un enfant de huit ans.

Lorsque la consigne d'un devoir est :
« Citez le nom d'une des figures des Temps Modernes » :
« Marie Curry »

O.K. O.K. Marie, la chimie c'est bien mais la popote avant tout.

« Dans quel pays parle-t-on le mandarin ?
— Je sais !
En Mandarine ! »

C'est une république, à l'est de la Clémentine.

« Mais c'est n'importe quoi celui qui a inventé la conjugaison du présent !
Il a inventé la torture ! »

Est-ce qu'on lui parle tout de suite de l'imparfait du subjonctif ?

« Maître, pourquoi toutes les mamans, elles s'appellent Maman ?
— Ah ben… euh… »

C'est la fin de l'année, on ne maîtrise plus grand-chose…

« C'est quoi les Pyrénées ?
— Ah je sais, c'est des poissons qui mangent les hommes ! »

Allez hop, terminées les randonnées !

« Le réveillon, c'est
quand on se réveille ?
— Mais tu te réveilles
tous les jours...
— Oh trop bien,
c'est le réveillon
tous les jours !! »

*Est-ce qu'on va devoir se taper
les « Beaux nénés »
et « À l'année prochaine »
tous les jours ?!*

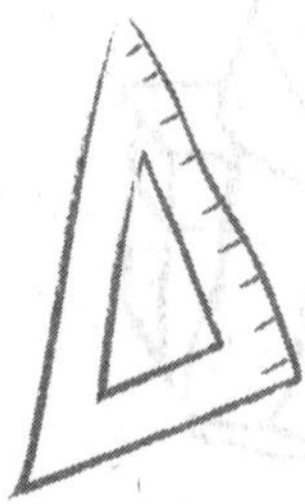

14 JUIN
Bonne année !!!

« Il pleut des cornes ! »

Quand l'élève est trop poli pour dire qu'il pleut comme vache qui pisse.

« Donnez-moi un pays anglophone.
– L'Afrique du Sud.
– Et en anglais ?
– Euh... Saga Africa !!! »

Ambiance de la brousse dans toute la classe !

« Un Esquimau, ça vit au pôle Mort. »

Pourquoi s'embêter à dire service de pompes funèbres.

« ALORS C'EST QUI TON INSTIT CETTE ANNÉE ? »

Chaque année, il faut composer les classes, et chaque année c'est la loterie, voire la foire d'empoigne, pour savoir qui aura le terrible Léo l'année prochaine.
En réalité, c'est aussi la loterie pour les élèves qui ne savent pas à quelle sauce ils vont être mangés chaque année. Voici quelques collègues que l'on peut croiser en salle des maîtres.

La psychorigide

Boulot, boulot, boulot. Telle est la devise de cette collègue. Les heures de réunion doivent être respectées et les discussions ne doivent jamais sortir du cadre professionnel. Interdiction de parler cinq minutes du dernier Marvel sorti au cinéma ou du week-end que l'on prévoit. Elle passe ses journées avec des enfants et même en pause te parle de ses enfants à elle… Comment fait-elle pour ne pas faire une overdose ?

Il y en a toujours une dans une école et elle se repère très vite à la fois par les enfants et par les parents : « Cette année, Enzo est avec Mme Dulac, et ben ça rigole pas. » Certes, Enzo ne se marrera pas beaucoup cette année, mais il saura parfaitement résoudre les équations fractales du second degré fin octobre. En résumé, dans toutes les circonstances, il n'y a qu'une seule solution : la bonne.

Le vieux

Le vieux, c'est celui qui fait ce boulot depuis longtemps, et qui n'attend qu'une chose : **LA RETRAITE**. Il pourra ainsi s'occuper de son jardin et aller cueillir les champignons quand ce sera la saison. Il n'y a jamais trop de souci avec le vieux collègue, les enfants l'apprécient et il connaît toutes les ficelles pour ne pas trop s'embêter pendant la journée : « Oh, je faisais comme toi au début, mais tu verras, ça te passera. » Comme un vieux G.I., il a fait toutes les guerres et a toujours une anecdote quel que soit le problème qui t'occupe à ce moment-là.

Le coolos

Si vous creusez un peu, vous découvrirez rapidement qu'il a fait une fac de lettres. Mais si vous n'allez pas jusque-là, c'est tout de même facile de l'identifier.
Il porte un pantalon dix-huit poches, des vêtements « confort » et son but ultime est d'être apprécié de tous ses élèves, en espérant qu'ils lui feront la bise lorsqu'il les croisera au collège dans quelques années. Dans ce but-là, il appelle tous les élèves « bonhomme » pour les garçons et « miss » pour les filles, même lorsqu'il est censé les réprimander.
« Et alors la miss, tu penses que c'est une solution de taper ta camarade parce qu'elle t'embête ? »

Le syndicaliste

CELUI QUI MILITE ET TOUT LE MONDE LE SAIT

Celui-là, il fait du bruit, il a battu le pavé dans toutes les manifs (« J'y étais, moi, pour gueuler contre la réforme Machin ! ») et surtout il vous fait exploser la soupière à toutes les récréations. Pour peu que la journée ait été compliquée, l'entendre dire que seul son syndicat apporte de vraies solutions à tous les repas, c'est un coup à lui balancer son plat de blanquette-pommes de terre à la figure.

CELUI QUI MILITE EN DOUCE

Au premier abord il ou elle ressemble à un collègue normal. Puis un beau matin, on le retrouve en train d'accrocher des affiches sur le tableau blanc de la salle des maîtres avec le dernier compte-rendu de la réunion de syndicats.

Tu es syndiqué toi ?
Et merde...
PAS CONTENT

« Tiens, t'es syndiqué, toi ?
— Ah ben oui, maintenant que t'en parles ! »
Dommage, vous vous êtes coincé tout seul comme une bleusaille. Il ne vous reste plus qu'à souffrir en silence.

LE SYNDICALISTE DE RÉCRÉ

Il place sans qu'on s'en rende compte qu'« au syndicat, ça, on le réclame depuis des années ! » Coincé de nouveau. C'est bête, mais on vous aura prévenu.

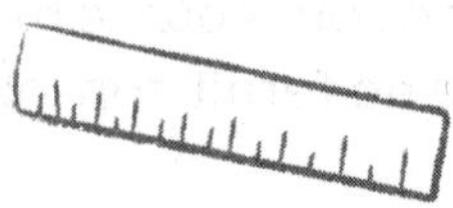

Le directeur/ la directrice

LE NOUVEAU DIRECTEUR

Super motivé et super stressé en début d'année, il se demande à chaque instant ce qui lui a pris de vouloir un poste comme celui-là. Étant novice, chaque démarche, chaque papier, chaque rencontre est une épreuve et il n'y a que l'expérience qui montrera si tel ou tel événement a été bien géré. Être nouveau à la direction, c'est faire une croix sur ses soirées et ses heures de sommeil, car il est responsable de tout ce qu'il se passe à l'école. Être directeur, c'est être comme Frodon : tout le monde l'admire mais personne ne ferait son job.

LE VIEUX DIRECTEUR

Il fait partie des meubles, tout le monde le connaît et il connaît toutes les ficelles du métier. Ce n'est pas toujours un foudre de guerre, mais son expérience garantit une bonne gestion de l'école. Le jour de la retraite, la moitié du village sera présente pour boire un dernier verre et lui souhaiter « une retraite bien méritée ».

✎ LE DIRECTEUR PAR DÉFAUT

Personne ne voulait prendre la place, mais pourtant il faut quelqu'un. C'est sur lui que ça tombe, souvent parce qu'il est plus âgé, ou parce qu'il est là depuis plus longtemps que tous les autres. Il fait le boulot parce qu'il a une conscience professionnelle, mais sans grande conviction. On peut difficilement lui en vouloir. C'est un peu comme si Gandalf avait foutu l'anneau dans les mains de Frodon en lui disant : « Allez, t'es là depuis le début de l'aventure, c'est toi qui va détruire le plus grand mal de notre monde. »

Le blasé

Il n'y a pas grand-chose à dire sur le blasé. Il est vite fatigué et à bout de nerfs et assure « qu'il ne fera pas ce boulot toute sa vie ». Nous voulons bien le croire, mais « la sécurité de l'emploi c'est quand même bien, et puis il y a les vacances surtout ! »

Le râleur
(s'accorde totalement au féminin)

Celui-ci a quelque peu roulé sa bosse, mais pas encore assez pour devenir « le blasé » (cf. la description correspondante). Non, car pour l'instant tout l'agace et rien ni personne n'est à l'abri de ses grommellements : les parents qui veulent encore un rendez-vous, la cloche qui sonne avant qu'il n'ait pu terminer ses photocopies, le conseil d'école qui tombe encore le soir de la répétition de violon de sa fille, la caisse commune qui tourne pour offrir un cadeau à l'ATSEM partant en retraite. Tout. Le mieux c'est de hocher la tête au son d'un « Oui, c'est sûr ». Enfin, prêtez un peu l'oreille, il peut parfois vous demander de prendre son service de surveillance…

Le p'tit nouveau

Tu peux être le plus populaire et le plus sociable que tu veux dans ta vie d'avant, l'Éducation nationale fonctionne en castes qui ne reconnaissent que l'ancienneté. Alors mets-toi ça dans le crâne, et arme-toi pour répondre pendant un moment aux : « Mais c'est ton premier poste ? » Prépare-toi à faire le café à la récré, à te taper les photocopies qu'il manque, à arriver à six heures du matin pour repartir à vingt heures, à prendre les notes de toutes les réunions et à, deux fois sur trois, passer pour un animateur du CLAE ou pour un collégien venu récupérer son frère.

Le rempla'

Non, non pas le remplaçant, ni le brigade, car même sa fonction est un diminutif. De ce fait, on l'appelle Seb' ou Steph' parce que, évidemment, tout le monde le connaît et mieux encore, tout le monde l'apprécie.
Il ne passe qu'une semaine par an à l'école, mais il revient comme s'il n'était jamais parti et sera le premier invité au repas de Noël parce qu'il est sympa.
À vrai dire, il aurait tout à fait pu être moniteur de kitesurf, puisque tout le monde apprécie aussi les moniteurs de kitesurf. Même le râleur, c'est dire...

MAUX POUR MOTS

Si nous faisons ce métier, c'est aussi pour enrichir le vocabulaire de jeunes enfants insouciants qui n'ont bien souvent pas la moindre idée de ce que peuvent bien dire certains mots.
Et l'idée qu'ils en ont dépasse souvent la réalité, mais en mieux.

ATTENTION : votre dictionnaire risque de se retourner dans sa tombe.

Analphabète

C'est quelqu'un qui connaît l'alphabet par cœur mais qui est bête.

Arquebuse

C'est un arc qui tire des flèches
et lorsqu'elles touchent leur cible
on entend un bruit de cornemuse.

Bédouin

C'est une marque de baignoire.

EXEMPLE : Emma se baigne dans le bédouin.

Calomnie

Une crème qui permet d'éviter l'eczéma.

EXEMPLE : Gaël se passe du calomnie sur les bras.

Chronophage

C'est l'ensemble d'un chronomètre qui est déclenché quand on t'appelle et quand je l'arrête, un chauffage se déclenche.

EXEMPLE : J'ai mis le chronophage en route.

Fomenter

C'est le contraire de mentir.

EXEMPLE : Je fomente ton mensonge.

Fourvoyer

Faire cuire quelque chose dans un four.

EXEMPLE : Le cuisinier fourvoye la dinde.

Frivole

Objet qui sert à congeler la viande, un bon congélateur.

EXEMPLE : Les enfants vont chercher la viande dans le frivole.

Glaïeul

C'est un poison.

EXEMPLE : Hier, papa est mort en mangeant un glaïeul.

Lucratif

Quand on se fracture un os.

EXEMPLE : Je me suis lucratifié l'os.

Pérorer

C'est une partie de notre corps située près du ventre.

EXEMPLE : Eva se fait opérer du pérorer. C'est sûr, qu'à force de rester assis en salle des maîtres à manger des cochonneries, on risque la double fracture tibia-pérorer.

Intérimaire

C'est le président d'un pays.

EXEMPLE : François Hollande est intérimaire de la France

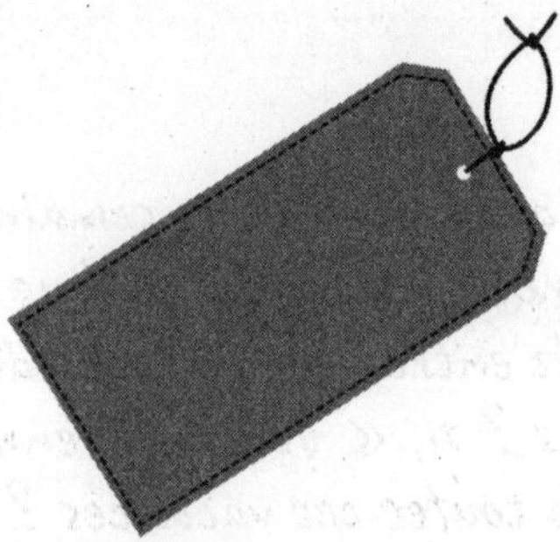

LE CALENDRIER SCOLAIRE

« Vous avez combien de semaines de vacances, vous ? », « Vous travaillez entre deux périodes de vacances ? », « Vous vous ennuyez pas avec toutes ces vacances ? » Autant de questions qui se posent toujours et auxquelles nous répondons une dizaine de fois chaque année. Voici donc de quoi y voir plus clair, et surtout, de quoi nous laisser la paix une bonne fois pour toutes.

SEPTEMBRE/OCTOBRE :

* LA RENTRÉE *

« *Le maître est gentil, j'adore l'école !* »

Armez vos stylos, lustrez vos souliers, et embarquez toute votre bonne volonté car c'est reparti pour un an ! Eh oui, c'est la rentrée et il va falloir apprendre tout un tas de nouveaux prénoms sans les écorcher, plonger dans le grand bouillon administratif sans s'y noyer, faire croire aux collègues qu'on les apprécie sans passer pour un fayot et côtoyer une trentaine de pygmées plus fréquemment que votre propre famille ; tout cela dès la première semaine. Qui vous a parlé d'un petit voyage tranquille ?

LES PREMIÈRES VACANCES, ON FAIT QUOI ?

Les vacances les plus sous-estimées de l'année. On se dit qu'elles arrivent tôt, et que l'on a encore de l'énergie. C'est une erreur car en mars, vous regretterez de ne pas en avoir plus profité.

Conseil :

Il fait beau, saisissez l'occasion et partez loin. Non, pas La Rochelle, plus loin. Voilà, Cuba ! Laissez-vous enivrer. Restez là-bas. Apprenez l'espagnol. Ne revenez jamais.

NOVEMBRE/DÉCEMBRE :

* ON ARRIVE BIENTÔT ? *

J'en ai marre !

Ça y est, les enfants sont bien installés, les pages de garde bien collées et le stock de colle de la classe déjà épuisé. Toutes les bonnes habitudes de début d'année sont là mais… il va falloir tout recommencer dès la rentrée parce que les enfants ont fâcheusement tendance à oublier très vite. Et en plus, Noël et son paquet de maladies dégoûtantes arrivent. Entre excitation de fin d'année et épidémies, les enfants ne savent pas où ils en sont, pour notre plus grand bonheur.

LES FÊTES DE FIN D'ANNÉE EN FAMILLE… ON VA OÙ ?

Les pires. Vous enchaînez réveillon sur réveillon comme si vous aviez encore vingt ans, et vous retrouvez le 2 janvier, trois kilos en trop, encore plus cerné qu'avant les vacances.

Conseil :

Fuyez les grands magasins pour y faire vos emplettes, vous pourriez y croiser des parents d'élèves. Ici, on vise plutôt le calme et la sérénité. Louez un chalet, coupez le wi-fi, relaxez-vous.

JANVIER/FÉVRIER :

*

L'hiver c'est froid, l'hiver c'est long

Les jours raccourcissent, les températures chutent. Le problème, c'est que la patience et le moral en font autant et qu'on finit par trouver ces journées sacrément longues ! Alors le manteau neigeux dont se pare quelquefois le paysage, on est d'accord, c'est très joli ! Mais quand on se caille emmitouflé dans notre grosse doudoune et quand la chaleur d'une tasse de café représente notre seule planche de salut, on en arrive à maudire cette période. D'ailleurs, sachez qu'un instit' met environ six minutes à descendre prudemment les quatre marches givrées devant la glace, et autant pour les remonter, pour surveiller une récré qui dure quinze minutes. On vous laisse faire le calcul… Quoi, vous ne saviez pas encore qu'on ne fait que râler ?

LES INSTITS' FONT DU SKI

Le ministère de l'Éducation nationale est ravi de vous présenter les vacances d'hiver, en partenariat avec l'ESF et la station de sports d'hiver de La Clusaz. Poudreuse pour tout le monde !

Conseil :

Vous savez ce qui est moins cher en hiver ? Les destinations estivales ! Malin, vous vous dirigez donc vers... Non, toujours pas La Rochelle. L'Andalousie ! Bon, on n'est pas guides touristiques non plus, donc débrouillez-vous pour savoir quoi faire là-bas mais tout y est beau (et plus supportable qu'au mois d'août).

ANDALOUSIE
LA MONTAGNE

MARS/AVRIL :

*

S'il pleut, je peux rester à la maison ?

Ah, le printemps ! Les arbres et les ados bourgeonnent et il est temps pour la moitié des instits' de France de planter toutes sortes de graines pour que les enfants puissent les arroser et les voir grandir. Enfin ça, c'est dans la théorie, parce que la moitié du temps la plante meurt à moitié en même temps que les espoirs des élèves qui rêvaient de voir leur plante grandir. C'est aussi à cette période que l'enseignant commence à fatiguer et qu'il, de manière tout à fait subtile, laisse les enfants se gérer seuls « parce que, tu comprends, ils doivent gagner en autonomie maintenant ». En réalité, sachez-le, c'est juste de la flemme.

PRINTEMPS POURRI, VACANCES MOISIES ?

Youpi, le retour des beaux jours, les fleurs qui bourgeonnent, les oiseaux qui chantent. Ou les pluies diluviennes et les inondations si on est un peu plus réaliste. Pâques au tison, ne te découvre pas d'un fil, c'est pas pour rien tout ça !

Conseil :

Il pleut. Partout. Tout le temps.
Plutôt que de ruminer, acceptez cette fatalité et combattez le mal par le mal.
Partez en Irlande ou en Écosse.
Quoi de plus authentique que les Highlands en ciré jaune ?

MAI/JUIN/JUILLET :

*

Voilà l'été, voilà l'été !

C'est la dernière ligne droite. L'heure d'accélérer la foulée et de chercher le second souffle. Le soleil brille et les oiseaux chantent donc les élèves en profitent pour les admirer par la fenêtre pendant qu'on s'écroule en s'écriant dans un dernier souffle : « L'année n'est pas finie...! » La réalité c'est que nous aussi nous aimerions bien gambader dehors à chasser les papillons et jouer à trap-trap. Notre seule consolation c'est de savoir que pendant deux mois, on pourra se la couler douce à Palavas, en payant le tarif de pleine saison entourés d'enfants se disputant pour un château de sable. Ça fait rêver non ?

LES GRANDES VACANCES ! ENFIN !

Comme disait l'autre, l'école est finie. Et comme chaque année, vous ne rêvez que de soleil, de plages et de cocktails ! Mais vous êtes enseignant(e) et bien peu de monde dans votre entourage va pouvoir s'adapter à vos huit semaines de congé.

Conseil :

Quitte à vous retrouver seul(e), profitez-en pour vous recentrer sur vous-même. Bricolez, apprenez une langue étrangère, parcourez la nature. Mais jamais, au grand jamais, ne fréquentez la piscine municipale ou les plages de La Grande Motte. Ça grouille d'enfants...

1

LE LOTO DES PHRASES DU RÉVEILLON

Enfin nous y sommes. Les vacances de Noël ! Féerie, magie des fêtes, cadeaux... et repas en famille. Et cette année encore, vous n'échapperez pas aux remarques pointues et aux analyses pertinentes sur votre profession. Alors tant qu'à faire, nous vous en avons concocté un loto à boire. Nous rappelons que l'abus d'~~école~~ d'alcool est dangereux pour la santé.

LES RÈGLES :
1 QUINE = 1 GORGÉE.
CARTON PLEIN = CUL SEC.

Voici aussi quelques conseils pour réagir correctement à ces phrases :

« Ils sont pas trop pénibles en ce moment ? »

C'est un piège. Osez vous plaindre, et tonton vous attend au tournant. Il a été artisan toute sa vie, il sait ce que c'est de bosser, lui !

« Tu fais quoi toi, déjà ?
Instit' ! Instit' de quoi ? »

*Non, ne vous vexez pas.
Le vocabulaire de l'Éducation nationale est parfois obscur. Prenez le temps d'expliquer.*

« Hé franchement,
avec toutes ces vacances,
tu dois t'ennuyer des fois,
hein ? Hein ? »

Accompagnée de grands coups de coude dans les côtes. Puisque vous ne pouvez pas le lui envoyer dans la tête, videz votre verre.

« Pour surveiller vingt mômes, faut pas être ingénieur non plus ! »

Riez. De bon cœur. Et ne répliquez pas que pour se trouver une potiche comme votre tante, pas besoin d'un bac+5 non plus.

« Tu sais que le cousin par alliance de la tante de la voisine connaît un instit' ? »

À croire que de l'extérieur, nous ressemblons à une secte. Soyez indulgents, on s'intéresse à vous positivement.

« Les gosses de nos jours, ils sont plus compliqués quand même. »

La secte du « c'était mieux avant » est puissante et ses ramifications s'étendent un peu partout. Ne luttez pas, vous n'êtes pas de taille.

« Le problème, c'est le laxisme des parents de toute façon. »

Bien sûr, tu le sais toi tata, y a qu'à voir la réussite de tes deux fils.

« Hé, c'était quoi
le concours de recrutement,
celui qui coloriait
en dépassant le moins
possible ? »

Dans les pays de l'Est, il est de coutume
de jeter son verre par-dessus l'épaule
après avoir vidé son verre d'une traite.
En visant bien...

« Depuis Mitterrand,
c'est pas la joie chez
les instits', non ? »

Clairement, d'ailleurs il faudrait penser
à renouveler la carte du parti
pour l'école car comme on le sait,
votre métier définit votre ligne politique.

TROMBINOSCOPE

Nos petites carrières nous permettent désormais d'avoir une idée plus précise du genre d'élèves qui viennent squatter nos classes chaque année. Certes, il ne faut pas mettre des gens dans des cases, mais nous ne reculons devant rien, c'est donc ce que nous allons faire. C'est moche, mais c'est aussi un peu la vérité.

La fashion victim précoce

Il n'y a pas d'âge pour être au top de la mode, et tout est prétexte pour pouvoir se la raconter à la récré. Petite chemise, jean slim, dernières Converse et lunettes de soleil, la combinaison gagnante pour être au top et s'assurer les faveurs de Marjorie des CM2.

Le tête en l'air

Il perd tout le temps ses affaires. Surtout lors des changements de saison qui sont propices aux pertes de vêtements : vestes, manteaux, gants, écharpes… au plus grand bonheur de ses parents ! Ces derniers sont d'ailleurs capables de remuer ciel et terre pour retrouver le dernier pull Adidas perdu sur une chaise de la cantine. En général, ces habits se retrouvent dans une grosse caisse en bois et partent finir leur vie dans une association caritative. Les enfants sont aussi généreux.

Le crado

Il est persuadé que la fonction première d'un vêtement est de protéger son corps des salissures. Grosso modo, il pense porter un immense tablier et si la tenue revient immaculée à la maison, c'est qu'il a passé une très mauvaise journée.

CONSEIL : N'osez jamais demander comment il a pu faire de telles traces.

Le (la) premier(e) de la classe

Lunettes vissées sur le nez, chemise boutonnée jusqu'en haut et bien sûr, place réservée au premier rang : pas de doute, c'est le premier de la classe. À chaque question, il manque de crever l'œil de son voisin et de chuter de sa chaise en levant le doigt. Vous le ramasserez à la petite cuillère dès qu'une note sera inférieure à 19,5, parce qu'il « avait rien compris à la leçon ». Légèrement énervant, mais il vous sauvera également plusieurs fois la mise quand l'ensemble de la classe vous regardera d'un œil bovin après une de vos questions.

Le bordéli... mal organisé

Vous aurez beau dire, beau faire, crier, râler... Un élève mal organisé le restera jusqu'à la fin de l'année. Non pas par provoc', mais parce qu'il est comme ça. Alors oui, son casier ressemble à la chambre d'un ado de quinze ans, oui, ses leçons d'histoire du mois de septembre sont en boule au fond du cartable. Mais dédramatisez : vous n'y êtes pour rien. Il ne s'organise simplement pas comme vous. Et avouez-le, vous êtes aussi un peu maniaco-maniaque de l'organisation...

Alors, mon cahier de maths...
Je suis sûr de l'avoir mis quelque part !!

Le rêveur

L'élève rêveur est souvent de mèche avec le mal organisé. Prenez soin de ne pas les mettre à côté.

CONSEIL : Plusieurs méthodes pour ce type d'élève :

- ✏ **l'humour :** « Dylan, tu vas remonter dans ta fusée, faire le trajet retour jusqu'à la Terre et revenir parmi nous ! »
- ✏ **le sport :** deux allers-retours dans le couloir vont lui mettre un bon coup de fouet. À faire matin, midi et soir.
- ✏ **le dépit :** vous laissez tomber, tant pis, vous n'y changerez rien et puis… Miracle ! Hugo a enfin pensé à mettre son prénom sur sa feuille (rappel : on est au mois de juin).

Le CM2

« C'est bien d'avoir des grands, ils sont plus matures. » dixit l'instit' qui n'a pas encore côtoyé beaucoup de CM2. En réalité, le CM2 pouffe au premier mot pouvant porter la moindre connotation, éclate de rire si vous prononcez le mot « poitrine », souffle par principe à chaque proposition que vous faites, et passe ses récrés les mains dans les poches, par pack de six. On se passerait bien de cette maturité...

RADIO PORTAIL

On s'amuse et on s'émerveille des fulgurances de nos élèves mais ce n'est pas le seul public que nous côtoyons. Régulièrement, il nous faut apprendre à cohabiter avec une autre espèce : les parents. Voici un compte-rendu de nos différentes rencontres.

« C'est normal, il est de fin d'année. »

Quand tu expliques qu'il faudrait peut-être que cet enfant cesse de colorier l'intérieur de toutes les lettres rondes lorsque tu es en train de faire une leçon sur le C.O.D. ou de rigoler dès qu'il entend le mot « toilettes ».

CM2

« Oui, il reste une semaine de classe mais on part à la Réunion, comme ça il pourra ramener des roches volcaniques pour montrer à la classe. »

Vous allez donc faire 8 000 kilomètres, revenir vous la péter devant tout le monde, un collier de fleurs autour du cou et avec une peau aussi bronzée qu'au mois d'août. Et vous allez ramener quoi ? Un caillou ? Sérieusement, ramenez du bon rhum, et partez avec notre entière bénédiction.

« Attends, reviens, j'ai pas signé le cahier. »

Il est huit heures vingt-cinq, le parent, un peu honteux, signe tous les mots du cahier de liaison à la chaîne, sans vraiment les lire. « Ah, il y a une sortie cet après-midi ? », « Vous m'aviez proposé un rendez-vous la semaine dernière ? »

« Vous avez deux minutes ? »

Ça fait déjà trois fois cette semaine que ce papa vous attrape à seize heures. Impossible de s'échapper, tout prétexte est bon pour vous tenir la grappe pendant un quart d'heure : la compote à moitié écrasée, la casquette perdue depuis trois mois, la pénurie de stylos noirs... Vous avez une solution ? N'hésitez pas à nous dire...!

« Hier, on est sortis avec Patrick, impossible de se lever ce matin. »

Ravis que vous passiez de bonnes soirées, la prochaine fois invitez-nous.

« À seize heures, je récupère Léa et Mathias et on va à la piscine. »

Eh bien moi à seize heures,
je récupère les cahiers de Léa
et Mathias et je vais les corriger.
La jalousie c'est vraiment pas joli joli.

« Pour la sortie de fin d'année accrobranche-karting, je suis dispo si vous voulez. Je vous le dis comme vous n'aviez pas répondu à mon mot dans le cahier. »

Quel dommage que vous n'ayez pas été aussi disponible pour la sortie visite du centre de tri de la commune. Je vous le dis comme vous n'aviez pas répondu au mot dans le cahier.

TRUCS ET ASTUCES

Comme chaque instit' de France, nous avons été débutants, une bleusaille comme diraient certains. Comme nous sommes sympas, nous vous livrons ici quelques conseils pour éviter de vous faire piéger comme nous avons pu l'être. On est comme ça chez Carnet d'instits'.

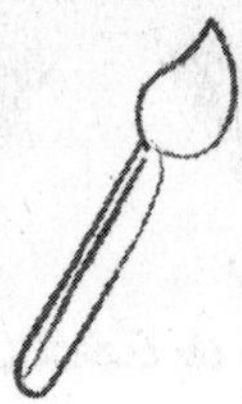

LES MEILLEURES MARQUES DE CAFÉ/MACHINE

• *La machine à dosettes*

Relativement bon marché, facile à faire faire par un élève et le goût se rapproche du café. Probablement le meilleur compromis.

• *La machine à expresso*

Dans ce cas-là vous avez détourné l'argent de la coopérative scolaire. Mais qu'est-ce qu'on ne ferait pas pour du bon café…

• *La bonne vieille carafe, conviviale et toujours chaude*

Problème, il faut trouver un collègue dévoué pour la faire couler avant la récréation. Généralement le bleu.

• *Le café « instantané »*

Vous en êtes arrivé à ne plus avoir beaucoup de respect pour votre personne, il est temps de prendre des vacances.

Sinon y'a le café en perf' aussi !

LES MEILLEURES DESTINATIONS DE VACANCES

QUAND ON A SEIZE SEMAINES DE CONGÉ

Après avoir encaissé toutes les remarques du genre « Vous êtes tout le temps en congé », nous contre-attaquons avec ce guide de voyage à l'intention des personnes qui ont seize semaines de vacances dans l'année :

• La plage en hiver

Les vacances pour un instit' c'est la population avant la destination. Le souffle court, les lèvres violettes, vous grelottez mais à l'intérieur vous jubilez. Pas un seul enfant à l'horizon !

• La montagne en été

Presque pas un enfant dans le secteur, et encore moins sur des randos de cinq heures avec 2 500 mètres de dénivelé. La voilà la communion avec la nature.

• L'Aveyron

Pas d'enfants. Pas d'adultes non plus d'ailleurs. Pas de réseau non plus… Évidemment, cela s'adapte très bien en fonction de la région où vous habitez (la Creuse, la Meurthe-et-Moselle, le Loiret, etc.). Et ça, aucun redécoupage régional ne viendra nous contredire.

- *Tous les temples thaïlandais avec plein de marches (les gosses ne tiennent pas la distance)*

Puis c'est aussi l'occasion de retrouver la zenitude, chose dont nous manquons cruellement parfois.

- *Les croisières senior*

Vous voilà enfin loin, très loin du moindre enfant. Ici, les années s'écrivent avec deux chiffres, voire trois. Mais vous allez quand même devoir tout répéter quinze fois...

- *Les activités de sports extrêmes*

Beh alors Kévin, on fait le dur dans la cour de récré et on n'ose pas sauter de douze mètres de haut dans une rivière à six degrés ?

Maiiiiiiiiiiiitre ?
Enfin seul !

LE POSTE EN CLASSE UNIQUE

• Les avantages

C'est qui le patron ? Eh bien c'est vous puisque vous venez d'hériter du titre très respecté d'enseignant-directeur-nounou-shérif du village. Ce qui sous-entend que toute décision ayant trait à l'école émanera de vous et sera validée par vous.
Le collègue déprimé, le collègue oppressant, le collègue mal luné, le collègue stressant, tout cela vous hérisse les poils ? Ça tombe bien, pas un collègue à l'horizon.
Être le seul adulte face à une armée d'enfants ne ruinera pas vos aptitudes

sociales mais fera de vous la figure de référence entre ces murs. Sacré statut. Ne nous le cachons pas, ces postes-là sont généralement en milieu rural, ce qui sous-entend un cadre de travail plutôt agréable. Et des élèves pour qui le danger le plus important en allant au terrain de sport reste une chute dans le fossé.

• *Les inconvénients*

C'est qui le patron ? Eh bien malheureusement c'est vous, ce qui sous-entend que vous serez sollicité pour toute décision ayant trait à l'école. Oui, vraiment toutes. Même celles qui ne relèvent pas de vos fonctions.
Certes vous finissez à seize heures, mais croyez-le, huit heures sans avoir une conversation sensée c'est long, très long.
Ne vous fâchez jamais avec la personne chargée de la cantine, c'est le seul adulte que vous croiserez pendant un bon bout de temps.
Si vous vous le demandiez, un enseignant en classe unique ne va jamais aux toilettes.

Qui surveillerait les élèves ? Un enseignant en classe unique ne prend jamais de pause-café. Qui surveillerait les élèves ?
Ne nous le cachons pas, ces postes-là sont généralement en milieu rural, ce qui sous-entend un cadre de travail plutôt agréable. Et des sangliers qui manquent de vous couper la route chaque matin, les matins où la route est praticable.

Celui qui n'a jamais été seul

LES 12 COMMANDEMENTS DE L'INSTIT'

À écrire sur une tablette d'argile et à afficher dans toutes les classes de France. À défaut d'argile, un vieux Post-it rose fluo fera également l'affaire.

N°1

Toujours penser à déposer son stylo rouge à plus d'un mètre de vous avant de lire un mot des parents dans le cahier de liaison. Un « ce » au lieu d'un « se », un mauvais réflexe et voilà votre année foutue en l'air.

N°2

Ne jamais traîner autour du portail de sortie après seize heures quinze, il paraît qu'il y a des tonnes de parents d'élèves qui rôdent. Et en plus ils ont toujours plein de questions.

N°3

Une sortie n'est pas une vraie sortie si un élève n'a pas oublié son pique-nique. Toujours prévoir un sandwich de rab dans son sac.

N°4

Si vous n'aimez pas un collègue, faites en sorte de ne pas le prévenir quand la photocopieuse remarche.
« Ah, on t'avait pas prévenu ? »

N°5

Pour votre estime de vous et votre image auprès des enfants, il est **INTERDIT** de prendre le ballon dans la tête. Vous serez décrédibilisé à jamais. Si cela devait quand même se produire, une seule solution : confisquez le ballon sous un prétexte douteux et sauvez les apparences. C'est la seule chose à faire.

N°6

Si vous voulez être un prof « coolos », il est possible de jouer avec les enfants. C'est très honorable mais dangereux. Il est interdit de perdre. Si cela devait quand même se produire, une seule solution : confisquez le ballon sous un prétexte douteux et sauvez les apparences. C'est la seule chose à faire.

N° 7

Méfiez-vous de ce que vous demandent les enfants. Ce n'est parfois pas aussi simple que ça en a l'air.

EXEMPLE : si un élève propose de « faire un mur », ne vous imaginez pas tout de suite que des travaux de BTP sont prévus aux activités périscolaires. Soit l'enfant souhaite fuguer, auquel cas, refusez. Soit l'enfant souhaite jouer au ballon contre un mur, auquel cas, refusez (ne mettez pas votre dignité en jeu).

N°8

Ne **JAMAIS** poser de question à l'ensemble de la classe par laquelle il faut répondre « oui » ou « non ». Effet chorale insupportable garanti.

Oui

N°9

Cela semble être un conseil tout bête mais… pendant les récrés, le temps du repas et après seize heures, fermez la porte de la classe. C'est votre santé mentale qui est en jeu.

N°10

Ne sous-estimez jamais vos élèves, imaginez toujours le pire, ne leur laissez pas le bénéfice du doute, présumez-les toujours coupables. Ils trichent, ils mentent, souhaitent simplement passer une année tranquille entre copains et vous identifient comme un sacré empêcheur de tourner en rond !

N°11

Ne cédez jamais à :
« Maître, vous pouvez nous montrer ? »
Ils sont fourbes et viennent
de vous tendre le piège appelé :
gagner du temps et le laisser
faire à notre place.

N°12

Mettez très rapidement un terme
aux « À tes souhaits ». Malpoli ?
Cela vous évitera surtout de l'entendre
trente-huit fois à chaque
éternuement alors que vous n'avez
que dix-neuf élèves...

VOUS REPRENDREZ BIEN UN PEU DE CLICHÉ ?

Instit', c'est comme l'équipe de France de foot : chacun a son avis sur la question et se sent obligé de le donner lors de repas de famille parfois bien trop arrosés. Assis en bout de table, nous devenons alors la cible privilégiée des remarques de tonton Claude, qui trouve de toute façon que « ce sont tous des fainéants ces fonctionnaires ». Enfilez votre gilet pare-balles, voici une petite compilation.

« Déjà, vous avez les congés »

Deux semaines imposées à dates fixes, toutes les sept semaines, couramment appelées vacances scolaires, soit le pays où la vie est plus chère. Et comme on ne les voit pas assez au boulot, on retrouve les enfants pendant nos vacances. On en rêvait.

« Et la sécurité de l'emploi »

Oui mais !! Mais... Bon d'accord, à l'heure actuelle, difficile d'argumenter contre ça. Par contre, l'intégrité psychologique des enseignants n'est pas garantie, et ça c'est quand même dommage.

« Vingt-quatre heures semaine, la planque »

Effectivement, mais tout cela ne tient pas compte des réunions hebdomadaires, des rencontres avec les parents et du travail de préparation et de correction à la maison. Pendant la première année, partez du principe que le sommeil n'est pas obligatoire. Dormir, c'est pour les faibles. Puis les profs de collège ne font que dix-huit heures eux, ces feignants ! (Oui, nous tentons subtilement de détourner l'attention).

« Oh, ça doit être super de travailler avec les petits ! »

Oui, il y a des supers moments, mais être prof c'est aussi s'occuper des bobos, des gastros intempestives, des coulées de morve, du bruit à longueur de temps, répéter sans cesse les mêmes choses et la liste est longue. Donc oui c'est super, mais c'est aussi super de rentrer chez soi. Et lorsque l'on n'est plus en service, ne nous parlez plus de vos enfants. S'il vous plaît.

« C'est un métier gratifiant »

Eh bien tout à fait. D'ailleurs pour tout vous dire, on se sent parfois comme Batman, veillant sur la population de Gotham qui pourtant nous en veut toujours autant, mais nous gardons le sentiment du devoir accompli. La seule différence, c'est qu'on ne se plante pas en haut d'un building pour observer tout cela.

« Enseigner des additions et l'écriture, facile »

On parie ? Ah et, dans nos attributions, il y a aussi (entre autres) assistante sociale, infirmière, technicien informatique, comptable, déménageur, déchiffreur de hiéroglyphes, Pascal le grand frère, etc.

LES CHOSES INTERDITES QUE L'ON RÊVE DE FAIRE PARFOIS

Croyez-le ou non, il y a des limites au métier d'instit'. Et pourtant, ce n'est pas l'envie qui nous manque de parfois les franchir. À défaut de pouvoir céder à ces pulsions, nous les avons donc couchées sur papier.

Partir quinze minutes plus tôt, parce qu'on a un rendez-vous, « le temps d'y arriver, vous comprenez »...

Expliquer, par une situation pratique, pourquoi il ne faut pas répondre à une provocation par la violence physique. « Comment ça, ça fait mal quand je tords ton bras dans ce sens ? T'exagères un peu. »

Montrer aux élèves que niveau gros mots, on a aussi quelques bases.

Rester à la maison le lundi matin, parce qu'hier, « c'était l'anniversaire de tonton Jeannot, et qu'on s'est couchés un peu tard… »

Dire : « Vous savez colorier ? Eh bien allez-y ! »

Secourir un élève sur le point de se noyer à la piscine en courant au ralenti dans un petit maillot de bain rouge pour comprendre ce que ressent Pamela Anderson.

J'ai toujours voulu faire ça !!
où est passé ce gosse ?

RADIO SALLE DES MAÎTRES

Vous vous souvenez de tous ces profils d'instits' que nous vous dressions il y a quelques pages ? Ils vous ont peut-être amusés, mais croyez-nous, ils ne nous font pas rire tous les jours. Florilège de leurs plus belles saillies.

« Tu me remplaces deux minutes, je vais me faire un café ? »

« Les gamins étaient plus faciles il y a dix ans ! »

« Toi aussi ils ont été pénibles aujourd'hui ? »

« Tu peux me faire trois photocopies s'il te plaît, je suis de service. »

« Toutes ces réunions parents-profs, c'est vraiment mon dada ! »

« Il te reste des cahiers/classeurs/carnets ? »

« Et si on faisait
un chant commun
pour la fête
de l'école ? »

« Ça pourrait être sympa
de faire un loto, non ?
Qui s'occupe de récupérer
des paniers garnis ? »

Le 74 !
La quine est bonne !

« Tu sais, s'il est pénible,
c'est peut-être parce que tu sais pas
comment t'y prendre avec lui.
L'année dernière avec moi,
il était pas comme ça. »

« C'était mieux
l'école où
j'étais avant. »

« Je vois pas pourquoi vous râlez, trois heures de formation le mardi soir sur l'éducation civique et morale depuis 1908, ça a l'air super intéressant ! »

« Moi j'ai déjà fini les livrets, pas toi ? »

« Ca ne m'arrange pas vraiment que l'on fasse la réunion entre midi et deux, on ne respecte pas le processus alimentaire, là. Et après, ça me fout le transit en l'air pour deux semaines. »

C
A
B

GUIDE DE SURVIE DE L'ENSEIGNANT

Vous vous lancez dans l'aventure du professorat ? Ces prochaines pages sont faites pour vous ! Apprenez-les par cœur, elles sont votre sauf-conduit en territoire écolier.

LA PRIORITÉ À LA PHOTOCOPIEUSE

Règle numéro 1

Premier arrivé, premier servi. C'est probablement le moyen le plus sûr d'avoir sa place. Arriver tôt ! Les enseignants chevronnés arrivent le plus tard possible et se ruent sur la photocopieuse ensuite. Venir avant et les laisser se battre est un plaisir du matin (et il y en a peu !).

Règle numéro 2

Le collègue de service de récréation a la priorité. « J'ai deux photocop' à faire vite fait, après je dois aller dehors ». Excuse imparable même si ça peut énerver.

Déjà qu'il va dehors, laissons le faire ses photocopies pourries de toute façon.

Règle numéro 3

À partir d'ici, il n'y a plus de priorité. Il faut jouer des coudes, profiter d'un instant de faiblesse : « T'avais rien lancé, j'en ai juste profité pour faire une photocopie. » Les plus organisés opteront pour des photocopies alternées, un tour chacun.

DANS LE SAC DU REMPLAÇANT

Un GPS équipé de cartes militaires. Vous nous remercierez quand il faudra atteindre une commune de deux cent onze habitants.

L'annuaire (à jour) des écoles du département et forcément un forfait illimité pour quand même votre GPS ne peut plus rien pour vous.

Une voiture équipée de la fonction Bluetooth ou au moins un kit mains-libres histoire de ne pas laisser le salaire de votre journée à un agent de la force publique.

Beaucoup de patience pour faire face aux gens qui vous accueillent d'un « Enfin vous arrivez ! »

Un master en jeux de piste, ou l'intégrale des Sherlock Holmes pour comprendre où en sont les élèves.

L'adaptabilité de MacGyver (vous pouvez faire l'impasse sur la coupe de cheveux).

Mac
Gyver

COMMENT SE SORTIR D'UN DÉFI LANCÉ PAR UN ÉLÈVE?

Plusieurs options s'offrent à vous :

- Le laisser gagner de façon très évidente et surjouée. Vous passerez pour l'instit' sympa et qui ménage ses élèves.
- Le battre à plate couture et penser à le lui rappeler régulièrement. Le respect par la performance. Go hard or go home!

Perdre à la loyale n'est évidemment pas une option envisageable.

LES PIRES JUSTIFICATIONS D'ABSENCE

Qui n'a jamais manqué un jour d'école, pour des raisons plus ou moins valables ? Nous en rêvons, les élèves le font avec plaisir. Pourtant, même avec la plus grande naïveté, certaines sont parfois très dures à croire.

« Il a passé une mauvaise nuit, j'ai préféré le garder. »

Traduction : « On s'est levés un peu tard, puis j'étais de repos ce matin. »

« Mon enfant ne viendra pas demain pour raison personnelle. »

Sous-entendu : « Et de toute façon tu n'as pas le droit de me demander de justification, sale fonctionnaire ! »

« Hier, elle a mangé un peu trop de cerises, elle avait très mal au ventre ce matin. »

Vous êtes donc sûrs que ça n'a rien à voir avec le tournoi d'athlétisme prévu aujourd'hui et le fait que vous soyez en repos ?

« Hier, il pleuvait beaucoup. »

Donc je me suis trempé la couenne pour délivrer à vos enfants tout mon savoir et mon enseignement, tout ça pour que tu ne viennes pas à cause de la pluie ?
Préparez-vous, à la prochaine tombola, vous gagnez un parapluie !

« Elle ne sera pas là à partir de mercredi, on part à Disney. »

Ah euh... En plein milieu de la période ?... Bon peut-être qu'on préférait la version moins honnête.

« Désolé on est un peu en retard, on s'est engueulé avec son père. Déjà que ça allait pas fort en ce moment. On venait de passer le week-end chez les beaux-parents et... »

Lalalalala je n'entends plus rien !

ECOLE
la la la la la la

« Arthur ne sera plus là à partir de vendredi. »

Ah... Bon c'est vrai qu'on le trouvait un peu pénible mais de là à le faire disparaître, quand même...

ARGOT D'INSTITS'

L'instit', on le voit tous les jours, l'école on y a tous été et pourtant il faut bien avouer que certains mots made in Éducation nationale sont absolument incompréhensibles. Heureusement nous vous avons concocté le premier dictionnaire bilingue français/instit' pour que l'école n'ait plus aucun secret pour vous.

Brigade/ZIL

Vous apprenez que demain une brigade va débarquer dans la classe de votre enfant ? Ne paniquez pas, votre chérubin n'est pas tombé dans le trafic de stupéfiants et ne fait pas l'objet d'une surveillance par la BAC. C'est seulement sa maîtresse qui se retrouve terrassée par une vilaine grippe et l'inspection académique envoie donc un enseignant remplaçant pour assurer l'intérim.

École Normale IUFM/ESPE

Qui a osé dire que le ministère de l'Éducation nationale n'agissait pas ? Trouver un nouveau nom à l'école de formation des enseignants tous les dix ans, c'est du boulot ! Et puisque cela reste encore assez facile, à chaque nouvelle école, une nouvelle désignation pour les lauréats : Instit'uteur/Enseignant/Professeur des écoles/Maître (rayez les mentions inutiles).

Ultimate

Nous n'avons pas peur des mots, voici le sport des Bisounours. Tout le monde est gentil, l'objectif numéro un est de se faire des passes, et surtout on ne se fait pas de bobos. Et pire encore, tout cela se fait en autoarbitrage… Pas étonnant que la France ne remporte plus une seule compétition.

RASED

C'est peut-être l'organisme qui est aussi obscur pour les parents que pour les profs eux-mêmes. Soit disant que ce sont des personnes qui peuvent venir dans les écoles pour aider les élèves en difficulté (maîtres spécialisés, psychologues, etc.). À l'instar du père Noël, peut-être qu'au final ils ne sont là que pour faire rêver les instits' ? Nul ne le sait, car nul n'en a jamais vu.

Course d'orientation

Balise, carte, et boussole. Au 21e siècle, même avec beaucoup d'imagination, il n'est vraiment pas évident de vendre cette activité aux élèves, qui ont pourtant la capacité de s'émerveiller de tout. Alors imaginez un peu que l'on propose à des adultes de monter une fédération de course d'orientation. Est-ce que l'on a des nouvelles de Sylvain Augier et de sa Carte aux Trésors ? Voilà, vous commencez à comprendre.

Adapter ses déplacements à différents types d'environnement

Alors que ce soit clair, nous n'allons pas apprendre à vos enfants à conduire sur route mouillée ni à mener une randonnée dans la jungle amazonienne. Non, ici il s'agit simplement de lui éviter de couler lorsqu'il se retrouvera à la piscine de mamie cet été avec tous ses cousins. Attention, certains enseignants téméraires emmènent aussi leurs élèves au ski en brandissant cette compétence.

Coopérer, s'opposer, s'affronter individuellement ou collectivement

Se mettre à plusieurs sur un terrain, balancer un ballon au milieu d'enfants déchaînés et laisser le charme agir. Prévoyez quand même la trousse de secours, on est jamais à l'abri de doigts tordus, de cocards et de dents branlantes.

Évaluation diagnostique

C'est vrai, l'intitulé laisse rêveur, mais il ne s'agit pas d'un test d'entrée à la faculté de médecine, juste d'une façon pour l'enseignant de connaitre les pré-acquis de ses élèves avant de les engager dans une activité. Tant pis pour les aspirants Dr House...

Outil scripteur

Un STYLO. C'est simple, il en existe de plein de couleurs mais ça reste un stylo. Ce terme peut valoir aussi pour le crayon à papier, ou tout ce qui sert à écrire. Peut-être même le bout du doigt trempé dans de la boue. Qui sait ?

Acrosport

Alors autant l'accrobranche, on est plutôt emballé (les parents un peu moins), mais concernant les pyramides et autres portés, on est de suite plus réticent. Déjà parce que ça ne ressemble jamais à rien, que la salle sent des pieds pendant toute l'heure, que les illustrations des figures se rapprochent un peu trop d'un guide que Papa et Maman gardent sous le lit mais aussi parce qu'on ne comprend pas bien le projet. Qui a déjà fait une compétition internationale d'acrosport ?

REMERCIEMENTS

Nous tenons à remercier toute l'équipe des Éditions de l'Opportun de nous avoir donné l'occasion de publier ce livre, c'est une magnifique chance qui nous a été donnée. Nous remercions également toutes les personnes qui suivent nos aventures sur la page Facebook et qui nous ont motivés à mener à bien ce projet.
Merci aussi à Armelle Parion et Caroline Muller pour avoir donné de la visibilité à notre aventure.

Florian

Bien évidemment, je tiens à remercier Julien sans qui tout ça n'aurait pas existé. Il y a eu des hauts et des bas, mais nous y sommes ! Ce n'est pas avec un collègue mais avec un ami que j'ai aujourd'hui le privilège de vivre ce moment tant attendu. Finalement, c'était peut-être celle-là, la montagne la plus difficile à gravir.
Un merci du fond du cœur à Cyrielle pour ses relectures, ses avis et son soutien inconditionnel.
Et enfin un merci à tous les élèves et tous les collègues qui ont inspiré ces pages. On se moque, on caricature, mais au fond, on vous aime bien, même ceux qui râlent dans le fond près du radiateur.

Julien

À la base de ce projet, il y avait une petite idée et une envie forte d'écrire un livre mais cela ne suffit pas à arriver jusqu'à l'édition. Pour cela il a fallu affronter quelques bourrasques, se retrouver parfois au creux de la vague, et c'est parce que nous étions deux que nous n'avons pas touché le fond. Alors pour avoir mené tout cela à mes côtés, un immense merci à l'autre partie de notre entité, mon gars sûr, Florian.

On l'a fait.

Pour ses conseils, son soutien, son regard critique et tout le reste, un très grand merci à Camille. Te voilà célèbre ! Cyrielle et toi nous avez amenés ici.

Il me faut aussi remercier tous mes élèves, leurs parents et mes collègues qui ont nourri ce livre. Une pensée pour Claire, Joris, Matthieu, Audrey, Nicolas, Mathilde, Pierre, des collègues mais avant tout des amis. Enfin, un bisou à Oscar, Nino, Léa, César, Noah et Juliette, Damien.

Imprimé en Espagne par
Liberdúplex
à Sant Llorenç d'Hortons (Barcelone)
en août 2019

Imprimé en Europe
ISBN : 978 2 36075 762 6
Dépôt légal : septembre 2019
000162/61